Werner Ehlen

Was in der katholischen Kirche schief läuft und was wir dagegen tun können

Impressum

Copyright © 2025 Werner Ehlen
2. Auflage
Titelbild © Werner Ehlen
Verlag:
BoD · Books on Demand GmbH, Überseering 33,
22297 Hamburg, bod@bod.de
Druck:
Libri Plureos GmbH, Friedensallee 273, 22763 Hamburg
ISBN: 978-3-8192-4543-5

*Bibliografische Information der Deutschen Nationalbibliothek:
Die Deutsche Nationalbibliothek verzeichnet diese Publikation in
der Deutschen Nationalbibliografie; detaillierte bibliografische
Daten sind im Internet über dnb.dnb.de abrufbar.*

Inhalt

Einführung

Vielleicht haben Sie im Inhaltsverzeichnis den Missbrauch in der Kirche vermisst. Natürlich ist jeder einzelne Missbrauchsfall einer zu viel und es ist furchtbar, dass diese Fälle in den Kirchen durchaus nicht selten vorkommen. Das Grundproblem am Missbrauch ist aber kein „katholisches", sondern eigentlich immer ein Machtgefälle – egal wo. Und so ist die wirksamste Möglichkeit, Missbrauch zu verhindern, die Macht in der Kirche abzubauen. Und die „Schieflage" der Kirche besteht ganz wesentlich darin, dass es viel zu sehr um Macht geht und viel zu wenig um Liebe. Viele kirchliche MitarbeiterInnen können ein Lied davon singen. Dies werde ich – vielleicht ein wenig zu theologisch – in diesem Buch aufzuzeigen versuchen.

Ich werde aber nicht bei der Kritik stehen bleiben, sondern auch von meiner Hoffnung schreiben, dass wir etwas ändern können. Auch dafür werde ich sehr konkrete Beispiele anführen. Sollten Sie diesen Anregungen folgen, werden Sie vielleicht als Spinner hingestellt werden oder als jemand, die oder der nicht mehr „katholisch" ist. Aber meines Erachtens ist dies der einzige Weg, sein Christ-sein konsequent zu leben.

Die grundsätzliche Schieflage besteht meines Erachtens darin, dass der zentrale Gedanke der Botschaft Jesu vergessen, bzw. im kirchlichen Alltag von anderen Dingen verdrängt wurde.

Diese grundsätzliche Botschaft Jesu lässt sich nach meiner Überzeugung, nach meinem festen Glauben, ganz einfach beschreiben: Es gibt einen Gott, der uns – und zwar jede und jeden von uns – unendlich und bedingungslos liebt.

Diese Kernbotschaft Jesu von seinem Vater ist – meines Wissens – unübertroffen, in keiner anderen Religion so absolut formuliert.

Und genau diese Kernbotschaft ist im Dschungel des Kirchenrechts, der Verbote statt Gebote und unzähligen Vorschriften verloren gegangen.

An die Stelle dieser bedingungslosen Liebesbotschaft sind viele andere Überlegungen getreten: Schuld und (Erb)Sünde, Opfer und abstrakte Überlegungen zur Erlösung.

Dabei wäre genau diese Botschaft geeignet, uns zu erlösen von der grundlegenden Angst, Gottes Anspruch nicht zu genügen, nicht „gut genug" zu sein, letztlich von der Angst vor dem Tod.

Wie diese Botschaft zu verstehen ist und wie die „schiefen Botschaften" an ihre Stelle getreten sind, werde ich versuchen aufzuzeigen – und wenigstens ansatzweise Wege benennen zurück zur Urbotschaft Jesu.

Die Eucharistiefeier

Die Eucharistiefeier ist nach katholischer Lehre und Überzeugung der Höhepunkt, der Kernpunkt unseres Glaubens. Deshalb werde ich damit beginnen – und auch deshalb, weil gerade auch hier schon vieles schief läuft und ich Grundsätzliches aufzeigen kann.

Eucharistie heißt Danksagung. Das sollte also der Kernpunkt dieser liturgischen Handlung sein, und, wie der Name sagt, in Form einer Feier. Beide Aspekte haben etwas Positives, Schönes, Frohmachendes, Fröhliches in sich. Ich glaube, die meisten von Ihnen werden mir zustimmen, dass oft wenig davon zu spüren ist.

Warum das so ist und die Eucharistiefeier sehr oft zu einem Pflichtprogramm, im besten Fall zu einer Gewohnheit („zum Sonntag gehört halt, dass man in die Kirche geht") verkommen ist, werde ich im Folgenden aufzuzeigen versuchen, in dem ich mir gemeinsam mit Ihnen den Ablauf Punkt für Punkt ansehe.

Eröffnung

Die Eucharistiefeier beginnt mit der Eröffnung des Gottesdienstes mit dem Kreuzzeichen. Das Kreuz ist Zeichen für die Dreifaltigkeit, wie es ja auch ins Wort gebracht wird (Im Namen des

Vaters und des Sohnes und des Heiligen Geistes), und so ist es sinnvoll, den Gottesdienst mit dem Kreuzzeichen zu beginnen und zu beenden.

Schuldbekenntnis

Ein nächster wesentlicher Bestandteil der Eucharistiefeier ist das Schuldbekenntnis. Es gehört unausweichlich zu unserem Mensch-sein dazu, dass wir Fehler machen, schuldig werden, und so ist es gut und richtig, dass wir dies – in Gemeinschaft – bekennen und Lossprechung, Vergebung erfahren.

Dies ist einer der großen positiven Aspekte unserer Religion, dass Schuld vergeben werden kann und wird!

Schön und richtig wäre es, wenn dieser Teil damit abgeschlossen wäre und wir nun als von unserer Schuld befreite Menschen frohen Herzens (die Messe) feiern könnten. Leider ist dem nicht so. Es folgt das

Kyrie

Die Kyrierufe selbst sind meist sehr positiv. Jesus wird als Freund, Fürsprecher, Weggefährte begrüßt. Das anschließende „Herr, erbarme dich" ist deplatziert. Es ist historisch erklärbar, man kann es theologisch begründen. Aber für den heutigen

Sprachgebrauch ist es nicht mehr vermittelbar. Warum müssen wir den Überbringer der frohen Botschaft vom liebenden Gott „anflehen", dass er sich unser erbarmt? Unmittelbar nachdem wir von unserer Schuld befreit wurden? Jede andere Formulierung wie „Jesus, wir danken dir", „Jesus, wir preisen dich" wäre sinnvoller, verständlicher und würde mehr den Charakter einer Dankfeier widerspiegeln.

Lesungen, Zwischengesang

Es folgen Lesung(en), Zwischengesang und das Evangelium. Ich bin ein großer Befürworter von zwei Lesungen vor dem Evangelium. Dadurch wird der Tisch des Wortes reichlicher gedeckt als mit nur einer Lesung. Und bei der Beschränkung auf eine Lesung fällt oft die des Alten Testamentes weg. Gerade dort begegnet uns aber ein großer Schatz an Erfahrungen mit Gott. Oft sind diese Erfahrungen aber in ein Gewand gekleidet, das nur schwer verständlich ist – hier ist eine gute Auslegung, Erklärung gefordert – siehe das nächste Kapitel.

Ein (kleines) Problem habe ich damit, dass es meist nicht bei diesen drei Schrifttexten bleibt, sondern dass uns als Zwischengesang ein vierter begegnet: Eine Stelle aus dem Buch der Psalmen, oft länger als die Lesungen.

Damit wird der Tisch des Wortes aber überladen, es ist schlicht unmöglich, in der Predigt auf vier Texte einzugehen. Und gerade die Psalmen brauchen oft gute Erklärungen, Auslegungen. Hier würde ich mir mehr Freiheit in der Textauswahl wünschen, dass z.B. ein sehr unverständlicher oder aussageschwacher Lesungstext durch einen Psalm oder einen anderen passenden Lesungstext ersetzt wird.

Predigt

Die Predigt sollte das schwierige Kunststück vollbringen, zum einen die drei Bibeltexte auszulegen, zum anderen sie mit unserer Lebenssituation im 21. Jahrhundert zu verknüpfen, für diese fruchtbar werden zu lassen. Gott sei Dank stehen sie meist in einem Zusammenhang zueinander, beziehen sich aufeinander, Sicher keine einfache Aufgabe, da die Predigt auch nicht allzu lang sein sollte. Der Schwerpunkt sollte meiner Meinung nach dabei auf der Auslegung, Erklärung der Bibeltexte liegen, weil hier viel im Argen liegt. Das Wissen, wie Bibeltexte zu verstehen sind, geht leider bei den allermeisten Gläubigen gegen Null.

So geben laut einem Forschungsprojekt von 2022 zur Bibelverwendung 60% der Befragten an, die Bibel ohne Predigt oft nicht zu verstehen. [1]

Wenn Bibeltexte gut verstanden sind, gelingt es wohl auch eher, sie für sich selbst fruchtbar werden zu lassen.

Apostolisches Glaubensbekenntnis

Es ist definitiv gut, dass wir diese Kurzformel unseres Glaubens besitzen, dass wir nicht die 8.292 Seiten des 11bändigen „Lexikons für Theologie und Kirche" durchlesen müssen, um zu wissen, was die Kernpunkte unseres Glaubens sind.

Allerdings müsste auch hier – trotz aller Dogmatik – immer wieder überprüft werden, ob die Aussagen vergangener Jahrhunderte den theologischen Erkenntnissen noch Stand halten, ob die Sprachbilder noch relevant sind.

Deshalb müssen die Aussagen ja nicht falsch sein, aber Sprache wandelt sich nun einmal, und wenn die Kirche dabei nicht endlich einmal mitmacht, wird sie den Anschluss an die Welt und damit die Gläubigen endgültig verlieren.

Siehe auch „Jungfrau Maria" und „Was wir dagegen tun können".

Negativ anzumerken ist natürlich, dass in unserem Glauben offensichtlich das Leben Jesu überhaupt keine Rolle spielt: Das Glaubensbekenntnis springt von der Geburt Jesu übergangslos zu seinem Sterben – siehe auch „Geheimnis des Glaubens".

Fürbitten

Natürlich dürfen wir mit unseren Bitten und Anliegen zu Gott kommen. Gut wäre es allerdings, darauf zu achten, worum wir bitten. Sehr oft erscheint es mir so, dass wir um Dinge bitten, für die wir ganz allein zuständig sind. Nicht Gott initiiert und führt Kriege, nicht er verdient an der Rüstungsindustrie, nicht er ist Verursacher der Klimaveränderungen und der damit einhergehenden Katastrophen und dem damit verbundenen Leid. All das liegt in unserer Verantwortung und auch in unserer Macht, es zu verändern.

Worum können wir also bitten? Meiner Meinung nach eigentlich nur um Kraft, in unseren diesbezüglichen Bemühungen nicht nachzulassen.

Gott hat uns zu seinem Ebenbild hier auf Erden gemacht und diese Welt in unsere Verantwortung übergeben. Er wird sich nicht aktiv „einmischen". Seine gute Kraft, seine Liebe steht uns allerdings rund um die Uhr unbegrenzt zur Verfügung!

Grundsätzlich scheint mir das Bittgebet in unserer Kirche und persönlich eine zu große Rolle zu spielen. Es gibt drei „Gebetsarten": Das Dankgebet, das Bittgebet und den Lobpreis. In meinem Empfinden steht bei uns das Bittgebet an erster Stelle, dann kommt das Dankgebet, während der Lobpreis Gottes ein

Schattendasein führt. Dabei gäbe es unendlich viele Anlässe, Gott zu lobpreisen – im Sonnengesang des Franz von Assisi finden wir dies wunderbar ausgedrückt. Die angemessene Reihenfolge wäre also wohl genau umgekehrt als vorhin beschrieben. Nur, wenn wir voll des Lobpreises und Dankes sind, können wir mit Recht die eine oder andere Bitte äußern.

Gabenbereitung – Opfer?

In der Gabenbereitung begegnen wir dem Lobpreis Gottes in seiner reinsten Form: „Gepriesen bist du, Herr, unser Gott, Schöpfer der Welt. Du schenkst uns das Brot, die Frucht der Erde und der menschlichen Arbeit."

Dieser Lobpreis Gottes für Brot (und Wein) stammt wortwörtlich aus der jüdischen Liturgie der Pessach-Feier und dem häuslichen Sabbatmahl. Gott wird gepriesen für seine Schöpfung, an der der Mensch durch seine Arbeit Anteil hat.

Aber nur wenige Sekunden hält die katholische Kirche diesen Lobpreis aus. Unmittelbar darauf folgt: „Betet, Brüder und Schwestern, dass mein und euer Opfer Gott, dem allmächtigen Vater, gefalle. Der Herr nehme das Opfer an …."

Warum muss dieser Lobpreis sofort in den Opfergedanken münden? Dass unser Glaube sehr oft mit dem Opfergedanken in

Verbindung gebracht wird, ist für mich eine der ganz eklatanten Schieflagen der Kirche.

Geheimnis des Glaubens

Eine weitere „Schieflage" offenbart sich für mich im „Geheimnis des Glaubens". Warum überhaupt Geheimnis? Sind wir eine Sekte mit einer Geheimlehre? Wohl kaum. Zu verstehen ist es wohl eher als „Kernpunkt unseres Glaubens". Und da liegt für mich das Problem: „Deinen Tod o Herr verkünden wir, und deine Auferstehung preisen wir, bis du kommst in Herrlichkeit".
Ist das wirklich der Kernpunkt unseres Glaubens? Tod, Auferstehung und eine Vollendung in ferner Zukunft? Kein Wort von Jesu Leben, von seiner befreienden Botschaft, von seinem Wirken. Viel besser kommt der Kernpunkt unseres Glaubens zum Beispiel in folgendem Liedtext zum Ausdruck: Unser Leben sei ein Fest, Jesu Geist in unserer Mitte, Jesu Werk in unseren Händen, Jesu Geist in unseren Werken. Unser Leben sei ein Fest, in dieser Stunde und jeden Tag.
Hier würde auch der Gedanke der Eucharistie**feier**, der Danksagung besser zum Tragen kommen.

Vaterunser

Es folgt das Vaterunser, DAS Gebet unseres Glaubens, das laut den Evangelien auf Jesus selbst zurückgeht.

Aber auch hier ist die Kirche stecken geblieben, hat theologische Erkenntnisse nicht umgesetzt.

Schon vor 20 Jahren war theologisch klar, dass der Gott Jesu kein Gott ist, der in Versuchung führt, und die entsprechende Stelle im Vaterunser richtiger mit „und führe uns **in** der Versuchung" zu übersetzen wäre. Eine Änderung des Textes war in Rom bereits in Vorbereitung, als dies (von konservativen Kräften?) plötzlich wieder abgeblockt, verhindert wurde und in den vatikanischen Schubladen verschwand.

Brechung des Brotes (Lamm Gottes, Zeigen der Hostie, Herr ich bin würdig, ...) und Kommunionempfang

In diesem Teil der Eucharistiefeier, der durchaus einen Höhepunkt darstellt, zeigen sich geballt Ungereimtheiten der Liturgie. Zuerst wird im „Agnus Dei" („Lamm Gottes, du nimmst hinweg die Sünde der Welt: Erbarme dich unser") wieder auf die Sündhaftigkeit der Welt verwiesen und auf die Notwendigkeit des Erbarmens Gottes. Dies sollte mit dem Schuldbekenntnis am Anfang des Gottesdienstes eigentlich „erledigt" sein. Dann wird das

Brot gebrochen und gezeigt, wobei die Gläubigen knien. Wer kniet sich hin, wenn ihm etwas in großer Entfernung gezeigt wird? Außer wenn es sich vor ihm am Boden befände? Unsinniger geht es fast nicht.

Und die Antwort auf die Erlösungstat Jesu durch seinen Kreuzestod ist nicht etwa Freude und Jubel, was der Danksagungsfeier gerecht werden würde, sondern ein unterwürfiges „Herr, ich bin nicht würdig". Hat uns Jesus nicht durch sein Leben und Wirken, seine ganze Botschaft würdig gemacht? Haben wir nicht vor kurzem nach dem Schuldbekenntnis Vergebung empfangen? Glauben wir der Bibel nicht, die uns als Ebenbild Gottes bezeichnet, die uns in Psalm 8 sagt: „Du hast ihn (den Menschen) nur wenig geringer gemacht als Gott, du hast ihn gekrönt mit Pracht und Herrlichkeit"?

Gekrönt wird diese Unterwürfigkeit und Verleugnung der Ebenbildlichkeit Gottes noch beim Kommunionempfang. Zumindest in meiner Pfarrei beobachte ich eine zunehmende Tendenz zur Mundkommunion (weil wir unwürdig sind, Jesus in die Hand zu nehmen?), oft begleitet von zahlreichen Kniebeugen und Kreuzzeichen.

Zwischenfazit

Im Gesamten betrachtet beinhaltet diese **Dank**sagungs**feier** viel zu viel Schuld, Leid, Tod und viel zu wenig Freude, Lobpreis, Feier. Sie ist viel zu sehr eine **Opferfeier** (schließlich vollzieht sich der Hauptteil auch auf einem Opferaltar! – „Nimm an unser Opfer") als eine Danksagung.

So kommen in den liturgischen Texten der Eucharistiefeier die Begriffe Sünde (gesündigt) und Schuld und die Bitte um Erbarmen durchschnittlich an die 20 mal vor, Dank und Freude muss man hingegen suchen. Nimmt man noch „Kreuz" und „Leid" dazu, wächst die Zahl immens. Das „Schlimme" daran: Es fällt uns von Kind an kirchlich sozialisierten Kirchgängern nicht einmal auf!

Mit ein Grund für diese Akzentverschiebung dürfte sein, dass im Mittelpunkt jeder Eucharistiefeier das Kreuz steht. Dieses kann nur mit Mühe in ein Siegeszeichen verwandelt werden und für jeden nicht von Geburt an damit vertraut gemachten Menschen bleibt es ein erschreckendes Folterinstrument. Die Osterkerze dagegen, **das** Auferstehungssymbol schlechthin, das als ein Licht und Wärme verbreitendes Element auch ohne große Erklärungen zu verstehen ist, führt ein Schattendasein am Rande und wird praktisch auch nur in der Osterzeit entzündet.

In meiner Kirche befinden sich (ohne den Kreuzweg) 20 Kreuze; im Gottesdienst brennen 9 Kerzen, wie gesagt in der Osterzeit dann 10 – die Hälfte!

Schuld ist eine Theologie, die die Erlösung durch den Kreuzestod für wesentlicher erachtet als die Befreiung, die in seiner Botschaft und seinem Leben liegt. Doch dazu später noch mehr.

Kurzer Blick auf den Ursprung des Christentums

Dass es auch anders gehen kann, zeigt uns nicht nur der Blick auf die Gottesdienste der Freikirchen und evangelikalen Jugendkirchen, sondern auch der Blick auf den Ursprung unserer Religion und unserer Liturgie, das Judentum.

Der jüdische Gottesdienst beginnt mit dem *schma*, dem „Höre Israel", der ein Lobpreis Gottes ist. Es folgt die *amida*, 19 sogenannte Segnungen, in denen Gott für die Sorge gedankt wird, die er dem Einzelnen und der Gemeinschaft angedeihen lässt. Es folgt das *aleinu*, einem Gebet, das der Zeit gewidmet ist, in der Gott die ganze Welt im Glauben an ihn vereint haben wird. Dazwischen oder am Ende steht der *Kaddisch*, der Lobpreis Gottes. Wie wir sehen: Lobpreis, Dank, Lobpreis. Und das von einem Volk, das von Anfang an wahrhaftig genug Grund zum Jammern, Bitten, Klagen gehabt hätte.

Noch deutlicher als im Sabbat-Gottesdienst wird dieser Danksagungscharakter in der *Pesach-Haggadah*, der Erzählfeier vom Auszug aus Ägypten. In den *Hallel*-Psalmen (die sechs Psalmen 113 bis 118, die mit Hallel (Halleluja – Lobt den Herrn) beginnen und im *Dayenu* (Danklied) wird Gott überschwänglich gedankt für all das Gute, das er getan hat.

Warum wir es nicht geschafft haben, mehr von dieser Freude und diesem Dank in unsere Liturgie zu übernehmen, ist rätselhaft.

Der Opfergedanke

Eine Erklärung könnte der Opfergedanke sein, der sich als roter Faden durch die kirchliche Verkündigung zieht. Dieser ist uns in Fleisch und Blut übergangen, ohne auch nur die geringste biblische Begründung zu haben.

Im Gegenteil. Schon Jesaja, der große Prophet des Alten Testaments, wendet sich vehement gegen den Opfergedanken und setzt an seine Stelle die Nächstenliebe und gerechtes Verhalten gegenüber Witwen und Waisen und den Kampf gegen Unterdrückung. (Jes 1,11-17). Und auch Jesus selbst fordert Barmherzigkeit statt Opfer (Mt 9,13; Mt 12,7; Mk 12,32-33).

Eine theologische Mahnrede gegen das Opfer finden wir im Hebräerbrief (Hebr 10,11.18).

Warum sind wir Christen also so fixiert auf den Opfergedanken?

Zum einen auf Grund menschlich-archaischer Wurzeln. Seit der Menschwerdung versucht der Mensch, ihm unbegreifliche Ereignisse durch Opfer an die Götter beherrschbar zu machen.

Zum anderen hat die Kirche diesen Gedanken gehegt und gepflegt, vom Ablasshandel bis hin zum diffus vorhandenen Glauben, leichter in den Himmel zu kommen, wenn man viel spendet, eben „opfert".

Ein sehr schönes Beispiel dafür, dass wir vom Opfergedanken nicht lassen können, sind die fast in jeder Kirche vorhandenen Opferlichtständer. Für 50 Cent oder einen Euro kann man eine Kerze erwerben und für ein persönliches Anliegen „opfern".

Aber was opfert man da? Das Geld? Für die wenigsten, die hier eine Kerze opfern, wird dieser Betrag ein Opfer sein. Seine Zeit, die man vor dem Opferlichtständer verbringt? Vielleicht.

Bestärkt wird man auf jeden Fall in der grundlegenden Überzeugung, dass das Opfer nun mal zu unserem Glauben gehört.

Wäre es unserem Glauben nicht viel angemessener, anstelle des Schildes „Opferlichtständer" zu schreiben „Bring Licht in die Welt"?

Jungfrau Maria

Ein besonderes Kapitel ist die Verehrung der Mutter Jesu, Maria.

Man hat den Eindruck, dass sie in manchen Kreisen noch vor Gott

und Jesus rangiert. Die Dreifaltigkeit wird erweitert in ein Quar-

tett. Und sogar eigene Heilsbotschaften, bzw. Verkündigungen

werden ihr zugesprochen, so z.B. in Fatima.

Dabei ist nach offizieller katholischer Lehre die Offenbarung ab-

geschlossen.

All dies ist umso erstaunlicher, als wir in der Bibel eigentlich sehr

wenig von ihr erfahren. Und die wenigen Stellen sind oft wenig

schmeichelhaft für sie. Jesus weist sie des Öfteren schroff zurück

(siehe die Hochzeit zu Kana - Joh 2,4), , bezeichnet an Stelle von

ihr die als seine Mutter und Verwandten, die ihm zuhören und

folgen (Die wahre Familie Jesu - Mk 3,33).

Ihre Hauptleistung scheint darin zu bestehen, dass sie Ja sagte zu

ihrer Schwangerschaft. Und hier ist sie sicher ein Vorbild. Ob

diese Schwangerschaft nun vom Heiligen Geist stammt, ist völlig

nebensächlich. Nach jüdischer Überzeugung wirken immer drei

zusammen, wenn ein Kind entsteht: Mann, Frau und Gott.

Und so war es wohl auch sicher bei Maria.

Das Element der Jungfrauenschaft über Zeugung und Geburt

hinaus finden wir in vielen Religionen als Zeichen dafür, dass das jeweilige Kind etwas Besonderes ist. Es ist ein Stilmittel, nicht mehr und nicht weniger.

Für den Glauben spielt es keine Rolle, wie schon Josef Ratzinger, der spätere Papst Benedikt, 1972 in seiner „Einführung in das Christentum" schrieb:

„Die Empfängnis Jesu ist Neuschöpfung, nicht Zeugung durch Gott. ..... Die Gottessohnschaft Jesu beruht nach dem kirchlichen Glauben nicht darauf, dass Jesus keinen menschlichen Vater hatte; die Lehre vom Gottsein Jesu würde nicht angetastet, wenn Jesus aus einer normalen menschlichen Ehe hervorgegangen wäre." (Rechteinhaber nicht mehr ermittelbar)

Und dennoch spielt die Jungfrauenschaft Marias und vieler anderer Frauen eine völlig unangemessene Rolle in der katholischen Kirche (siehe nächstes Kapitel) und dürfte nicht zuletzt mit ein Grund für die verschrobene und menschenunwürdige Sexualmoral der Kirche sein.

Heiligenverehrung

Es ist sicher gut und richtig, Vorbilder zu haben denen man nacheifert, an denen man sich orientiert. Dies sind meist Menschen, die einem imponieren, von denen man sich sagt „so möchte ich auch (einmal) sein".

Natürlich können es auch bereits Verstorbene sein, die man sich zum Vorbild nimmt, wozu man auch die Heiligen der kath. Kirche zählen darf.

Der Hl. Martin ist da ein gutes Beispiel für selbstloses Teilen, ebenso der Hl. Nikolaus mit seiner Fürsorge für Benachteiligte und Arme.

Schwierig oder „schief" wird es für mich, wenn die „Heiligkeit" – zumindest zum Teil – daraus besteht, dass eine Frau „Jungfrau" ist. So z.B. bei der Hl. Hildegard von Bingen, die im Direktorium als Kirchenlehrerin und Klostergründerin benannt wird, an erster Stelle aber als Jungfrau, der Hl. Anna Schäffer, den 11.000 ermordeten Jungfrauen (wäre es weniger schlimm, wenn es keine Jungfrauen gewesen wären?) der Hl. Ursula und vielen, vielen anderen. Was ist das für eine „christliche" Leistung? Es schwingt untrennbar mit, dass gelebte Sexualität schlecht ist.

Noch makaberer ist es, wenn sich Frauen heutzutage in den Stand der „Geweihten Jungfrauenschaft" begeben, dies vom Diözesanbischof per Urkunde bestätigt bekommen.

Ähnlich „schief" ist es in meinen Augen, dass ein großer Prozentsatz unserer Heiligen zumindest als „Abzeichen" ihrer Heiligkeit die Marterwerkzeuge tragen, durch die sie zu Tode gekommen sind. Auch hier erscheint mir Leid und Tod wichtiger zu sein als die tätige Nächstenliebe im Leben.

Ein positives Gegenzeichen wäre es, wenn endlich einmal eine alleinerziehende Mutter von drei Kindern heilig gesprochen werden würde. Aber darauf werden wir wohl noch einige Jahre warten müssen.

Himmel und Hölle

Die Heiligsprechung eines Menschen ist sozusagen der „Beweis", dass dieser zu Gott kommt. Ein schönes Zeichen, weil dadurch klar ausgesagt wird, dass es ein Leben bei Gott nach unserem irdischen Tod „im Himmel" gibt, was für die Hölle durchaus nicht der Fall ist.

Wann immer ich in einem meiner Vorträge zu diesem Punkt komme, kocht die Christenseele über. Ob ich denn nicht an die Hölle glauben würde? Ein entsetzlicher Gedanke! Kein Christ sollte an die Hölle glauben! Glauben sollen wir an Gott, an die Liebe, die Vergebung, die Nächstenliebe und vieles andere – auf keinen Fall aber an die Hölle!

Ich denke, Hintergrund dieses verzweifelten „Festhaltens an einer Hölle" ist die Erwartung, dass wir als „gute Christen" es doch einmal besser haben müssen als die, die nicht jeden Sonntag eine

Stunde für Gott „opfern" (schon wieder der Opfergedanke!). Dass wir, die im Leben vielleicht auf manches verzichten, um Gott zu gefallen, belohnt werden müssen. Aber das ist meines Erachtens ein völlig falscher Ansatz. Unser Christ-sein sollte nie ein Verzicht, ein Opfer sein, sondern uns schon hier auf Erden die Fülle des Lebens schenken, uns ein mehr an Leben ermöglichen, nicht ein weniger!

Aber natürlich gibt es „böse" Menschen, gibt es Verbrecher, Mörder, Vergewaltiger, ….. . Gehören und kommen die dann nicht in die Hölle?

Mein Bild, meine Vorstellung von Himmel und Hölle sieht so aus, dass wir im Augenblick des Todes, bzw. wenn wir gestorben sind, Gott in seiner unendlichen Liebe schauen werden.

In diesem Augenblick werden wir erkennen, was wir alles falsch gemacht haben, wo wir an Gottes Liebe vorbeigelebt haben. Dies zu erkennen, wird schmerzlich sein (die Kirche nennt dies Fegefeuer). Nach diesem Erkennen, das einer Läuterung gleichkommt, werden wir im Angesicht Gottes Wohnung beziehen, bei ihm und damit im Himmel sein.

Gott wird in seiner unendlichen Liebe niemanden abweisen, niemanden in die Hölle verdammen, da bin ich mir sicher. Es würde dem Wesen Gottes einfach widersprechen.

Aber ich kann mir vorstellen, dass ein Mensch es auf Grund seiner vielen Verfehlungen nicht schafft, Gott ins Angesicht zu schauen. Er müsste Gott den Rücken zuwenden, um diese Liebe und sein verfehltes Leben auszuhalten. Dieser Mensch wäre sozusagen in der „Hölle". Aber nicht, weil Gott ihn dazu verdammt hätte, sondern weil er es bei Gott nicht aushält.

Wie gesagt, ich glaube und hoffe, dass Gott in seiner Allmacht es schafft, jeden Menschen so zu läutern, dass er bei ihm sein kann.

Wer noch unbedingt eine „Belohnung für sein christliches Leben" braucht, für den könnte ich mir vorstellen, dass man die Liebe Gottes umso besser aushält, sozusagen umso näher bei Gott ist, je mehr man schon hier auf Erden nach seiner Botschaft gelebt hat.

Christliche Bildung

Wesentlich ist, die Nächstenliebe, die Jesus gepredigt hat, zu leben. Dazu muss man nicht Theologie studieren. Trotzdem schadet es nicht, sich in der Bibel auszukennen, Grundzüge der Bibel zu kennen.

Dann wäre es unmöglich, dass Kreuzzüge, Heilige Kriege, Fremdenhass, Hexenverbrennungen im Namen Gottes durchgeführt werden. Und selbst „gute Christen" Sätze beginnen mit „Ich habe ja nichts gegen Ausländer, aber ….".

In der bereits erwähnten Umfrage aus dem Jahr 2022 geben 60%
der Befragten an, nie oder fast nie in der Bibel zu lesen. Von diesen 60% sehen wiederum 80% schlichtweg keinen Grund dafür,
in der Bibel zu lesen! Fast noch erschreckender ist es, dass 31,2%
der Bibelleser die Bibel wörtlich verstanden wissen wollen. [2]

Dass hier ein massiver Mangel herrscht, eine weitere Schieflage
zu bemängeln ist, möchte ich an folgenden Beispielen aufzeigen.

Da ist zuerst einmal eine Bekannte von mir, fast 60 Jahre alt, die
10 Jahre Religionsunterricht genossen hat, wenn auch vor langer
Zeit, und, da regelmäßige Kirchgängerin, mindestens 200 Predig-
ten gehört hat. Sie hat Knieprobleme und arge Schmerzen beim
Hinknieen, macht es aber trotzdem, weil sie glaubt, dass sie dem
Pfarrer und Gott damit eine Freude macht! Und sie hat, mit eige-
nen Worten, eine richtige Wut auf Gott, dass dieser Gott meine
kirchlich sehr engagierte Frau so krank werden lässt. Zur Strafe
zündet sie jetzt keine Kerzen mehr am Marienaltar an.

Was ist das, nach der vorhin beschriebenen katholischen Soziali-
sation, für ein verkorkstes Gottesbild!

Ähnlich die vielen Wallfahrten, die für eine Heilung von schwe-
rer Krankheit während meiner Zeit als Krankenhausseelsorger
versprochen wurden. Oder die Besuche bei christlichen

Wunderheilern. Menschlich alles mehr als verständlich, aber mit Christentum oder der Botschaft Jesu hat all dies nichts zu tun.

Genauso wenig wie die Aussage eines (Ruhestands)Pfarrers (!) bei einem meiner Vorträge, dass das mit der Jungfrauengeburt und Weihnachten doch schon so in der Bibel stehe. Selbst wenn er vor 50 Jahren in seiner Ausbildung nicht gehört haben sollte, dass dies alles Erzählungen sind, die etwas aussagen wollen und keine Tatsachenberichte, ist es erschreckend, dass er in diesen 50 Jahren offensichtlich an keiner einzigen theologischen Fortbildung teilgenommen hat.

Und nicht zuletzt die vielen Ängste, die ich selbst bei Nonnen vor der Hölle erleben musste – und das nach einem Leben „für Gott".

Zeichenhafte Jesusnachfolge – Fisch, Guter Hirte, Kreuz

Wie ich an verschiedenen Stellen bereits aufgezeigt habe, rührt für mich eine der grundlegenden Schieflagen aus der Fixierung auf das Kreuz, den Kreuzestod Jesu her.

Dabei wird meist auch so getan, als wäre dies „schon immer so". Doch erst mit der Konstantinischen Wende im 3. Jahrhundert gewinnt das Kreuz so massiv an Bedeutung.

Bis dahin war den ersten Christen noch sehr bewusst, dass das Kreuz ein Marterwerkzeug der Römer war. Außerdem hatten sie ihre Schwierigkeiten damit, im Kreuzestod Jesu das Heil der Welt zu erblicken.

Die ersten „Christuszeichen", Zeichen der Christen waren der Fisch und der Gute Hirte. Der Fisch, weil er sich zum einen durch das griechische Wort für Fisch – ICHTHYS – gut als Abkürzung für „Jesus Christus Gottes Sohn Erlöser" eignete. Zum anderen, weil der Fisch auch aus den Gleichnissen vom Fischfang und der Brot- und Fischvermehrung mit dem Leben Jesu verknüpft war. Und der „Gute Hirte", weil er zum einen auf das Gleichnis vom Guten Hirten verwies, der dem verlorenen Schaf nachgeht, zum anderen, weil in diesem Gleichnis und damit in diesem Bild ein zentraler Wesenszug Jesu und Gottes sichtbar wird: Die Sorge um jede und jeden Einzelnen von uns, die Gewissheit, dass keine und keiner von uns verloren gehen wird – siehe „Himmel und Hölle". Gerade dieses Bild, diese Aussage ist mir tausend Mal lieber und sinnvoller als das Kreuz und der Opfertod Jesu.

Wieviel befreiender könnte unser Umgang mit Schuld und dem Leben überhaupt sein, wenn dieses Zeichen nicht durch das unselige „In diesem Zeichen wirst du siegen" des Kaisers Konstantin abgelöst worden wäre! Der Legende nach soll Kaiser Konstantin vor der Schlacht an der Milvischen Brücke im Jahre 312 eine

Vision gehabt haben, der zufolge er mit dem Kreuz als Heerzeichen siegen würde.

Brauchtum und Christsein

Religion unterbricht den Alltag, hebt alltägliches nach „oben". Dies geschieht in vielerlei Form, nicht zuletzt auch im gelebten Brauchtum, das uns immer wieder an die Botschaft unseres Glaubens erinnert.

Gute Beispiele dafür sind Martinsumzüge, die uns an unsere christliche Aufgabe des Teilens erinnern, die Feier des Hl. Nikolaus, in der wir uns ihn zum Vorbild nehmen, der Adventskranz, der Christbaum und die Hl. Luzia, die uns zeigen, dass unser Glaube ein Licht ist, das die Dunkelheit durchdringt.

Schwieriger wird es, wenn der Hl. Nikolaus zum Beispiel von einem „Knecht Ruprecht" begleitet wird und so ein durch und durch guter Mensch vom Vorbild zum Angst besetzten Erziehungsmittel wird.

Wie gesagt, Brauchtum ist gut und wichtig, weil es uns im Alltag an unseren Glauben erinnert, ihn lebendig erhält.

Die Gefahr ist, dass das Brauchtum zum eigentlichen Glaubensinhalt wird, man meint, mit der Feier des Brauchtums seine „Christenpflicht" zu erfüllen.

Die folgende Geschichte kann dies verdeutlichen:

Ein Philosophieprofessor stand vor seinen Studenten und hatte ein paar Dinge vor sich liegen. Als der Unterricht begann, nahm er ein großes leeres Gurkenglas und füllte es bis zum Rand mit großen Steinen. Anschließend fragte er seine Studenten, ob das Glas voll sei. Sie antworteten mit ja. Der Professor nahm eine Schachtel mit Kieselsteinen und schüttete sie in das Glas und schüttelte es leicht. Die Kieselsteine rollten natürlich in die Zwischenräume der größeren Steine. Dann fragte er seine Studenten erneut, ob das Glas jetzt voll sei. Sie antworteten wieder mit ja und lachten. Der Professor seinerseits nahm eine Schachtel mit Sand und schüttete ihn in das Glas. Natürlich füllte der Sand die letzten Zwischenräume im Glas aus. "Nun", sagte der Professor zu seinen Studenten, "ich möchte, dass sie erkennen, dass dieses Glas wie ihr Leben ist! Die Steine sind die wichtigen Dinge im Leben: ihre Familie, ihr Partner, ihre Gesundheit, ihre Kinder - Dinge, die - wenn alles andere wegfiele und nur sie übrig blieben - ihr Leben immer noch erfüllen würden. Die Kieselsteine sind andere, weniger wichtige Dinge, wie z.B. ihre Arbeit, ihre Wohnung, ihr Haus oder ihr Auto. Der Sand symbolisiert die ganz kleinen Dinge im Leben. Wenn Sie den Sand zuerst in das Glas füllen, bleibt kein Raum für die Kieselsteine oder die großen

Steine. So ist es auch in ihrem Leben: Wenn Sie all ihre Energie für die kleinen Dinge in ihrem Leben aufwenden, haben Sie für die großen keine mehr. Achten Sie daher auf die wichtigen Dinge, nehmen Sie sich Zeit für ihre Kinder oder ihren Partner, achten Sie auf ihre Gesundheit. Es wird noch genug Zeit geben für Arbeit, Partys usw. Achten Sie zuerst auf die großen Steine - sie sind es, die wirklich zählen. Der Rest ist nur Sand."

Die großen Steine unseres Glaubens sind die Nächstenliebe, das Vertrauen, dass wir nie tiefer fallen können als in Gottes Hand und dass wir uns Gottes Liebe nicht verdienen müssen und können.

Das meiste andere ist Sand – nützlich, um das Glas zu füllen, um den Steinen Halt zu geben, aber gefährlich, wenn wir mit ihnen beginnen, unser Lebensglas zu füllen und dann für die Liebe keinen Platz mehr finden.

„Schief" wird es auch, wenn man meint, im Brauchtum historisch relevanten Aussagen zu begegnen. Ein gutes Beispiel dafür sind die überall üblichen Krippenspiele zum Weihnachtsfest, die dazu verleiten, das darin gezeigte (Ochs und Esel, Stall, Jungfrauengeburt, den Stern zu Betlehem, die Weisen aus dem Morgenland mit ihren Geschenken, die Herbergssuche, …) als historische Tatsachenberichte zu betrachten. Nichts von all dem ist so geschehen, aber es sind wertvolle Symbolgeschichten, die uns wichtige Aussagen verdeutlichen wollen. Darüber hinaus führt das mangelnde Bibelwissen leider dazu, dass viele Christen meinen, das gezeigte stehe so in der Bibel.

Was wir gegen die Schieflage unternehmen können

Manches von dem, was ich geschrieben habe, wird Ihnen unsinnig oder nicht der Rede wert erscheinen und das macht auch nichts. Ich hoffe, in einigem stimmen Sie überein mit mir, und in diesen Dingen sollten wir gemeinsam etwas gegen die Schieflage unternehmen. Dabei wird es meist nicht möglich sein, „die Kirche", vor allem die Amtskirche zu verändern. Mir geht es mit diesem Buch vor allem darum, Sie zu sensibilisieren für die Schieflagen und zu motivieren, für sich selbst etwas zu verändern. Damit wäre für mich schon viel gewonnen!

Maßnahmen im Inneren

Ganz konkret könnte ich mir z.B. vorstellen, **theologischen Unsinn** nicht mehr mitzubeten und Lieder, in denen solcher Unsinn vorkommt, nicht mehr mitzusingen. Gerade bei den Liedern ist hier eine große Fülle festzustellen („Gut, Blut und Leben, will ich dir geben" – wer kann dies guten Gewissens mitsingen? Und ist dies überhaupt etwas, was von uns gefordert ist?)

Bei den folgenden Gemeinschaftsgebeten kann man still für sich oder manchmal auch laut die fraglichen Stellen ersetzen– manches wird nicht auffallen, aber wenn sich vielleicht im Laufe der Zeit Mitbeter örtlich zusammentun, könnte dies durchaus Kreise ziehen!

Im **Glaubensbekenntnis** ist die „Jungfrau" sehr problemlos durch die biblisch richtige „junge Frau" zu ersetzen. Ebenso die „katholische Kirche" durch die „christliche Kirche". Ich weiß, dass katholisch einfach „allumfassend" heißt, dass die evangelische Kirche mitgemeint ist. Ich bin mir aber auch sicher, dass 95% der Kirchgänger an dieser Stelle an ihre katholische Kirche denken, und wenn etwas so offensichtlich falsch verstanden wird, gehört es geändert! Die vielen Kirchen, die ebenfalls dieses Glaubensbekenntnis verwenden, beten sowieso „christlich", und so wäre es schon alleine im Sinne einer Vereinheitlichung gut.

Diese Idee, dieser Vorschlag stammt interessanterweise übrigens von einem Pfarrer! Dies wäre natürlich ein toller Weg zur Veränderung, wenn mutige Pfarrer für ihre Gemeinden solche „Anpassungen" veranlassen würden.

Ebenso einfach ist im „**Vater unser**" das „führe uns nicht in Versuchung durch „führe uns in der Versuchung und erlöse uns von dem Bösen" zu ersetzen.

Dass es unwürdig ist, „**Herr ich bin nicht würdig**" zu beten, habe ich schon begründet – gut ersetzt werden kann diese Formel durch „Jesus, ich danke Dir, dass du in diese Welt gekommen bist und uns gezeigt hast, wie wir gut leben können" oder „Jesus, ich danke Dir, dass du in diese Welt gekommen bist und uns durch deine Botschaft erlöst hast".

Auch die Fixierung des „**Geheimnisses unseres Glaubens**" auf den Tod und die Auferstehung Jesu habe ich schon bemängelt. Stattdessen könnte man (für sich) beten: Unser Leben sei ein Fest, Jesu Geist in unserer Mitte, Jesu Werk in unseren Händen, Jesu Geist in unseren Werken. Unser Leben sei ein Fest, in dieser Stunde und jeden Tag.

Gut wäre es auch, sich selbst immer wieder fortzubilden, sich mit Theologie und Bibel zu beschäftigen. Die Bildungswerke bieten hier eine Fülle an Angeboten.

Maßnahmen nach Außen

Gut, wenn auch etwas aufwändiger ist es, Briefe an Bischöfe zu schreiben, die oft genug Unsägliches von sich geben. Zur Stellung der Frau, der Unmöglichkeit, dass Frauen zur Teilhabe am Amt in der Kirche fähig wären, zu Fragen der Sexualmoral und ähnlichem. Leider macht da auch Papst Leo XIV. keine Ausnahme, wenn er sagt, „Die Klerikalisierung von Frauen sei keine Lösung, sondern womöglich ein neuer Problemherd".

Auch wenn man – meiner Erfahrung nach – nur selten Antwort bekommen wird, und wenn dann diese Antwort wenig befriedigend ist, so sollten solche Äußerungen doch nicht unwidersprochen stehen bleiben.

Eine weitere aktive Maßnahme gegen die Missstände in der Kirche wäre es, Ehrenämter niederzulegen und dem jeweiligen Bischof dies auch mit Begründung darzulegen. Die Kirche lebt in einem Maß vom Ehrenamt, dass es ohne definitiv überhaupt nicht ginge – dass dieses Ehrenamt höchstens in „Sonntagsreden" gewürdigt wird, ansonsten – siehe Umgang mit Frauen – mit Füßen getreten wird, sollte durchaus bewusst gemacht werden.

Beide Maßnahmen könnten auch gut in Form von Leserbriefen in der örtlichen Presse bekannt gemacht werden. Nach meiner

Erfahrung bekommt man dafür auch 99%igen Zuspruch. Nicht, weil es modern ist, die Kirche zu kritisieren, sondern weil man vielen, die an der Kirche leiden, aus der Seele spricht.

In letzter Konsequenz

wäre noch der Austritt aus der Kirche zu nennen. Auch hier fände ich es wichtig, nicht „still" den Rücken zu kehren, sondern dem Bischof (und, so Mann, Frau oder Divers auf öffentliches Interesse hoffen kann, auch wieder der Presse) mitzuteilen, warum man sich nicht mehr als Teil dieser Kirche verstehen kann.

Ich bin – schweren Herzens, aber es ging nicht mehr anders – diesen Schritt am 12.5.2025 gegangen – siehe unten. Ich fühle mich meiner Pfarrei nach wie vor verbunden, werde – soweit möglich – auch weiterhin aktiv sein. Aber die Theologie der „Amtskirche" kann ich nicht mehr mittragen.

Hier ist anzumerken, dass ein „Kirchenaustritt" nur in Deutschland möglich ist, da die Erhebung der „Kirchensteuer" durch den Staat geschieht. Theologisch bleibt man immer Teil der Kirche, da die Taufe ein „unauslöschliches Merkmal" darstellt.

Das Phänomen, dass europa- und weltweit die Zahl der Mitglieder der christlichen Kirchen schrumpft, wird in allen anderen Ländern also durch die sinkenden Zahlen der Gottesdienst-

Besucher, Taufen, Hochzeiten, kirchlichen Beerdigungen usw. gemessen.

Ein ganz persönliches Schlusswort

Dies ist das erste Buch, in dem ich nicht meiner Frau fürs Korrektur-Lesen danken kann. Sie ist am 10.3.2025 nach einem dreiviertel Jahr an Krebs mit 69 Jahren gestorben, nach 47 Jahren Ehe mit mir. Als dieses Buch in die Endredaktion ging, war sie bereits zu schwach, um es noch bzgl. Rechtschreibung und Inhalt zu korrigieren.

Obwohl ich kirchlich angestellt war, war meine Frau immer die kirchlich engagiertere. 30 Jahre lang hat sie jeden (!) Sonntag den Familiengottesdienst vorbereitet, gestaltet und meist auch (natürlich mit dem Pfarrer und einem Team) „gehalten", war das Bindeglied zwischen unserer Pfarrei und der Grundschule.

Dort unterrichtete sie noch länger im zwei-Jahres-Turnus die erste und zweite Klasse. Neben all den anderen grundlegenden Fächern war ihr Religion immer ein Hauptanliegen.

Sie war auch in den letzten Jahren, in denen meine Kritik und damit auch Distanz zur katholisch verfassten Kirche mehr und mehr zunahm, der Hauptgrund, warum ich nicht austrat und austreten „konnte".

Jetzt ist der Weg für mich aus dieser Kirche heraus „frei", die meiner Meinung nach ganz sicher nicht die Kirche ist, die Jesus gewollt hätte.

Wenn ich jetzt ausgetreten bin, werden vielleicht viele einen Zusammenhang herstellen zwischen dem Tod meiner Frau und dem Austritt. Nach dem Motto: Mit diesem Gott, der meiner Frau nicht geholfen hat, will ich nichts mehr zu tun haben.

Nichts wäre falscher! Gott hat mit dem Krebs meiner Frau nichts zu tun. Nicht damit, dass sie ihn bekommen hat, nichts damit, dass die Chemo versagt hat. Genauso wenig wie er für Kriege, Hunger und Hungersnöte, Naturkatastrophen und ähnliches kann. Vieles davon ist Menschengemacht, vieles gehört einfach zu unserer Welt dazu – ohne Gottes Zutun und Plan!

Und der Glaube an diesen liebenden Gott, der uns im Tod empfängt und auffängt, hat ihr und mir die Kraft gegeben, nicht zu verzweifeln.

Meinen Austritt also als einen „Racheakt" an Gott oder der Kirche zu sehen, wäre völlig falsch.

Was hielt mich noch so lange?

Es waren Menschen, die ich mit meinem Austritt nicht verletzen, kränken möchte. Der Pfarrer unserer Gemeinde, der ein toller

Mensch und superguter Seelsorger ist, auch wenn manches von dem, was ich in diesem und meinen anderen Büchern kritisiere, durchaus seiner Theologie entspricht.

Es sind die Mitglieder des Familiengottesdienst-Teams meiner verstorbenen Frau, die genauso engagiert sind wie sie und die ich zu meinen Freunden zählen darf.

Es ist die hervorragende soziale Arbeit, die die Kirche mit ihren Hilfswerken Caritas, Misereor, Adveniat und ähnlichen leistet.

Es ist die Tatsache, dass die Überlieferung der „Person Jesu" ganz ohne Institution wohl nicht möglich ist – auch wenn sie noch so lückenhaft ist.

Und es ist – auch das darf gesagt werden – dass bei all den Fehlern, Mängeln und katastrophalen Fehlentwicklungen immer noch das Beste, was wir haben! Zumindest ich kenne keine Religion, in der die bedingungslose Liebe Gottes so klar ausgesagt wird, wie in unserer.

Trotzdem bin ich am 12. Mai 2025 nun aus der Kirche ausgetreten. Ich habe viele Gespräche geführt vorher, mit dem Pfarrer, der mich auf meinem kirchlichen Lebensweg begleitet hat und sein Priesteramt vor Jahrzehnten bereits niedergelegt hat. Mitglied der Kirche ist er aus oben genannten Gründen aber geblieben.

Mit meinen Kindern, die ebenfalls kirchlich engagiert sind. Meine ältere Tochter meinte: Seltsam ist es schon, schließlich repräsentierst du für viele ja auch Kirche.

Vielleicht ist gerade aber auch das ausschlaggebend: Ich möchte und kann diese Kirche, so wie sie momentan verfasst ist und mit den Lehren, die sie vertritt, nicht mehr repräsentieren!

Eine Kirche, die nicht nur in ihrem Denken mindestens 200 Jahre hinterherhinkt, sondern ganz konkret z.B. auch in ihrem Liedgut: Im Durchschnitt sind die Lieder, die wir singen, 200 Jahre alt, viele 500 und älter. Die Lebenswirklichkeiten, die darin angesprochen sind, haben rein gar nichts mehr mit unseren zu tun! Vielleicht finden auch deshalb immer weniger Menschen einen Zugang zu unserer Liturgie?

Schlusswort

Damit bin ich am Ende meiner Gedanken und Überlegungen angelangt. Sie sollen vor allem den persönlichen Glauben bewusster machen und hoffentlich aktiver gestalten helfen. Wenn Sie sich in einem oder zwei Punkten wiederfinden und diese „umsetzen", so hat sich für mich die Mühe dieses Buches gelohnt.

Ich freue mich, wenn Sie mir ihre Gedanken dazu mitteilen. Schreiben Sie mir gerne per mail: buchkritik3@online.de

Anmerkungen+

Anmerkungen 1 und 2 (S. 7, 21)

Forschungsprojekt „Multiple Bibelverwendung in der

spätmodernen Gesellschaft (2022) v. Alexander Deeg u.a.

Siehe https://ul.qucosa.api.qucosa%3A86133/attachement/ATT-0/

Weitere Bücher von Werner Ehlen

Warum ich mich manchmal schäme, katholisch zu sein – aber es noch immer bin

Eine Bilanz, was meines Erachtens in der kath. Kirche falsch läuft und warum
sie trotzdem sinngebend ist.
ISBN 9-783 75049 384 1, 56 S., Buch 5,99 €, E-Book 3,99

Irrwege und theologische Sackgassen der kath. Kirche und Orientierung am Zentrum

Fortführung und Konkretisierung des Buches „Warum ich mich manchmal
schäme...“
ISBN 9 783 75262 877 7, 52 S., 5,99 €, E-Book 3,99 €

Glaube leicht gemacht – aber nicht light

Das Wesentliche des christlichen Glaubens wird ins Zentrum gerückt – und da-
mit viel unnötiger Ballast abgeworfen
Ein Mut-mach-Buch!
ISBN 9-783-75199-948-9, 28 S., Buch 3,99 €, E-Book 2,99 €

Eucharistie feiern?
Kritische Anmerkungen zur heutigen Form der Eucharistie

Nach kirchlicher Lehrmeinung ist die Eucharistiefeier der Höhepunkt der Wo-
che, der Höhepunkt christlichen Glaubens. Wird sie diesem Anspruch gerecht?
Eine Spurensuche
ISBN 9-783-75434-174-2, 32 S., Buch 4,99 €, E-Book 2,99 €

Wissenswertes zu Bibel, Glaube, Kirche

In diesem kleinen Büchlein liefert Werner Ehlen grundlegendes Hintergrundwissen zum Bibelverständnis, zur Zahlensymbolik, zur Hierarchie der Kirche und zur Grundlegung unseres Glaubens.
ISBN 9-783-75574-862-5, 25 S., Buch 4,99 €, E-Book 3,49 €

Will Gott Opfer?
Biblischer Befund und grundsätzliche Überlegungen
Der Opfergedanke ist ein zentraler Bestandteil des Christentums. Aber ist die Bedeutung, die er hat, durch die Bibel und Jesu Leben zu begründen?
ISBN 978-375575-948-5, 46 S., Buch 4,99 €, E-Book 3,49 €

Alltägliche Bilder zum Staunen

Keine Hochglanzbilder, nichts Ungewöhnliches – aber trotzdem eine Anregungen zum Staunen und Wundern
ISBN 9 783 75432 739 5, 132 Seiten mit 109 Bildern, Buch 14,99 €, E-Book 5,99 €

Elfchen

26 Bilder, in der Gedichtform der „Elfchen" meditativ betrachtet
ISBN 978 3 75195 320 7, 55 S., Buch 10,99 €, E-Book 4,99 €

Gedanken durch das Jahr

Impulse, Texte, Überlegungen von A wie Abwarten können bis W wie Wunder.
ISBN 9-783-751-95601-7
108 S., Buch 5,99 €, E-Book 4,49 €

Geschichten vom Leben
Impulse und Überlegungen, verbunden mit Erfahrungen aus der Krankenhausseelsorge
ISBN 9 783 752 62666 7, 88 S., Buch 5,99 €, E-Book 4,49 €

Erlebnisse aus der Krankenhaus- und Notfallseelsorge im
Kontext der Bibel betrachtet
Anhand konkreter Fallbeispiele wird versucht, Leben und Bibel zu verbinden
ISBN 9 783 75432 697 8, 46 S., Buch 5,99 €, E-Book 3,99 €

Meine Perlen der Bibel
Anregungen, Impulse und Wissenswertes zu vielleicht auch nicht ganz so bekannten Bibelstellen
ISBN 9 783 75267 153 7, 56 S., Buch 5,99 €, E-Book 4,49 €

Zentrum christlichen Glaubens
Was ist das Wesentliche unseres Glaubens? Brauchen wir dazu die katholische Hierarchie? Antworten darauf versucht Werner Ehlen in diesem kleinen Büchlein zu geben.
ISBN 9-783-73479-445-2, 20 S., Buch 5,99 €, E-Book 3,99 E

Faszinierende Bilder aus unserem Universum
und einige Hintergrundinformationen
ISBN 9-783-75620-325-3, 104 S., Buch 9,99 €

Faszinierende Einblicke in unser Universum
Fotografien und Erläuterungen
Dem vorhergehenden Buch sehr ähnlich, mit etwas mehr Bildern und vom Informationsaufbau her etwas komplexer
ISBN 9-783-75629-223-3, 72 S., Buch 13,99 €, E-Book 5,99 €

Faszinierendes Universum
für Interessierte leicht verständlich erklärt
Vom Aufbau und Informationsgehalt als Einführung für Interessierte, die sich noch nie mit Astronomie beschäftigt haben!
ISBN 9-783-75687-010-3, 62 S., Buch 11,99 €, E-Book 5,99 €

Unser Weg mit dem Krebs meiner Frau und die erste Zeit danach
Erfahrungen Erlebnisse Verlauf
Über meine E-Mail-Adresse buchkritik3@online.de zum Preis von 6 Euro zzgl. Porto erhältlich. Gerne auch kostenlos als pdf-Datei.